ÉLOGE FUNÈBRE

PRONONCÉ PAR

M. LE RABBIN ALFRED LÉVY

SUR LA TOMBE

de M. Alfred SPIRE

Notaire à Lunéville.

IMPRIMERIE DE LUNÉVILLE

C. GEORGE, Directeur.

45, Rue Ste-Elisabeth, 45

Eloge funèbre prononcé par M. le Rabbin Alfred LÉVY, sur la tombe de M. Alfred SPIRE, Notaire à Lunéville.

Mes Frères,

C'est, le cœur brisé par la plus douloureuse émotion, que je prends la parole devant cette tombe entr'ouverte. C'est sous le poids du plus profond chagrin que je viens adresser un suprême adieu au frère bien-aimé qui nous a quittés si prématurément. Ah ! notre mission nous impose de bien dures nécessités. Alors que je voudrais pleurer en silence l'homme de bien dont la mort inspire d'universels regrets, alors que certain de ne pas trouver de termes suffisants pour exprimer l'étendue de la perte que nous subissons tous, je voudrais me borner à mêler mes larmes à celles des affligés, je me vois obligé de parler. Comment, en effet, ne pas saluer, une dernière fois, par quelques mots d'éloges, d'affection, de vénération, cette belle âme qui vient de remonter à son Créateur, cette nature rare et privilégiée, douée des plus précieuses qualités de l'esprit et du cœur, cet honnête homme enfin dont la vie irréprochable et pure s'impose à notre profond respect, à notre vive admiration ?

Mes frères, un de nos sages, recherchant la voie que l'homme doit suivre de préférence sur cette terre, disait : « C'est celle qui l'honore le plus à ses propres yeux et lui acquiert l'estime et la considération de ses semblables ». Cette parole a été le guide constant de notre frère, il s'est efforcé de la réaliser et aujourd'hui que sa carrière est terminée, qu'il nous est permis de porter sur elle un dernier jugement, nous pouvons affirmer qu'il a choisi cette voie suprême, et qu'il s'y est maintenu constamment, qu'en un mot il a vécu et il est mort honorable et honoré.

D'autres voix plus autorisées que la mienne pourraient vous entretenir de ses qualités professionnelles, de sa haute

droiture, de la rigidité de ses principes,
de la délicatesse de ses procédés, de son
jugement sûr et réfléchi, de la raison lu-
mineuse qui présidait à tous ses actes.
D'autres pourraient vous dire quelle scru-
puleuse conscience il apportait à l'accom-
plissement de tous les devoirs de sa char-
ge.

Pour moi, j'ai surtout à vous parler
de l'homme de cœur, de l'excellent pa-
rent, du coreligionnaire distingué, de
l'ami fidèle, du citoyen dévoué que nous
avons perdu.

L'homme de cœur! Ah! je n'hésite
pas tout d'abord à le qualifier ainsi, car
c'est par le cœur surtout qu'il vivait. Ca-
chant sous les dehors d'un caractère calme, réservé, des trésors de sensibilité,
de bonté, de tendresse, il se donnait tout
entier à ses parents, à ses amis, à tous
ceux qui recouraient à lui, qui faisaient ap-
pel à sa bienveillance, à son expérience,
à ses lumières. D'une urbanité exquise,
d'une affabilité parfaite, conservant dans
toutes ses relations cette simplicité tou-
chante qui est la marque des âmes d'élite,
te, il ne ménageait ni son temps ni ses

peines, dès qu'il s'agissait de se rendre utile à ses semblables.

Sa famille perd en lui son guide le plus sûr, son conseiller le plus sage, son soutien le plus affectueux; il en était l'âme, il en était l'honneur. Elle reste comme foudroyée par cette catastrophe prématurée qui lui enlève le plus aimant et le plus aimé de tous ses membres. Cette tendresse conjugale qu'il prodiguait à la compagne de sa vie, cette piété filiale qu'il témoignait à son vieux père, cette sollicitude constante dont il entourait son fils, ce dévouement absolu qu'il étendait à tous ses parents, même les plus éloignés, ces élans du cœur, ces épanchements de l'âme, vont désormais hélas! faire défaut aux objets de son affection.

Combien notre communauté n'a-t-elle pas, de son côté, à regretter, ce coreligionnaire éminent qui, non seulement l'honorait par la dignité de son caractère, par la considération générale dont il jouissait, mais encore lui rendait les services les plus effectifs au sein du Consistoire où elle l'avait appelé à siéger, après avoir apprécié pendant quelques années les hautes capacités qu'il déployait dans la commission administrative dont il faisait partie.

Notre asile des vieillards, naguère si éprouvé par la mort de son beau-père, l'honorable Adolphe Trenel, qu'il avait bien voulu remplacer en qualité de Trésorier, qu'il a suivi de si près dans la tombe, va souffrir d'une double blessure en se voyant privé de l'héritier de ses traditions, de son dévouement, de son abnégation.

Que dire, mes frères, de ces amitiés sincères et solides qu'il s'était créées de tous les côtés. Ah ! vous tous, ses amis d'enfance, ses camarades d'étude, vous qui l'avez connu avant moi, vous qui avant moi lui avez voué une affection ardente, vous qui le pleurez amèrement, je n'ai qu'à vous interroger pour apprendre et faire connaitre à tous comment l'on pouvait s'appuyer sur cet ami éprouvé, comment l'on pouvait compter sur sa fidélité, sur sa discrétion, sur son honnêteté parfaite. Et ce n'est pas seulement parmi les compagnons de son âge, ce n'est pas seulement dans ma confession

religieuse que je cherche ses amis. Il s'en
était fait dans tous les rangs, dans toutes
les conditions, dans tous les cultes. Mieux
que personne il travaillait à la réalisation
de notre idéal messianique. Mieux que personne il s'efforçait d'amener par son atti-
tude, ses paroles et ses actes, cette épo-
que si ardemment attendue où tous les
enfants d'un même Père, oubliant les di-
vergences d'opinions et de croyances, ne
feront plus qu'une seule famille réunie
toute entière dans une large et constante
effusion d'estime, de concorde et d'a-
mour.

Passerai-je enfin sous silence ses vertus civiques et le dévouement patriotique
dont il fit preuve à l'égard de notre ville,
dans ces années d'occupation qu'on peut
appeler à juste titre les années terribles.
Ah ! mes frères, si les services rendus
s'oublient parfois trop facilement, nos
chersconcitoyens n'ont certes pas perdu
le souvenir de la fermeté inébranlable
qu'il témoigna alors que, de concert avec
ses honorables collègues du conseil mu-
nicipal, il défendait pied à pied, en face
d'un vainqueur que le succès rendait

tous les jours plus exigeant, il défendait
dis-je, leurs intérêts les plus chers. Ils
n'ont pas oublié que le dernier, et à la
veille de la conclusion de la paix, il payait
d'une détention temporaire, sa courageu-
se résistance à un ennemi qui ne pouvait
s'empêcher de le respecter, et qui, en le
frappant, savait qu'il atteignait un des
plus dignes citoyens de notre ville.

Hélas ! pauvres et chers affligés, plus
j'énumère ses qualités, plus j'augmente
vos douleurs et je vous fournis des rai-
sons pour le pleurer. Mais croyez-moi,
mes amis, quand, après la première ex-
plosion de votre désespoir, Dieu qui est le
consolateur suprême, Dieu qui nous don-
ne des forces pour supporter les plus
cruelles séparations, aura versé son bau-
me céleste sur les blessures de votre
cœur, vous trouverez dans cette énumé-
ration même un motif puissant de rési-
gnation et de calme. C'est avec une dou-
ceur infinie que vous évoquerez vous-
mêmes la mémoire de ses vertus. Il est
si bon de pouvoir parler avec respect,
avec amour, de ceux que l'on a perdus,
il est si bon de pouvoir se placer sous

l'égide de leur renom immaculé, de leur réputation sans tache.

Pour toi, mon noble ami, — permets-moi de m'honorer moi-même en t'appelant de ce nom, car tu m'as donné mille preuves d'affection et de dévouement dont le souvenir restera à jamais gravé dans mon âme, — pour toi, mon ami, repose en paix. Ta carrière a été courte mais bien remplie. Tu as été un de ces ouvriers diligents dont parlent nos sages, un de ces ouvriers habiles qui, en quelques heures, font plus utile besogne que tels autres qui travaillent toute la journée. Et maintenant que tu es appelé à recevoir le salaire de tes œuvres, puisses-tu obtenir la récompense due à tes mérites. Tu t'es montré l'homme du devoir, l'homme du dévouement, l'honnête homme par excellence, Dieu qui est la justice suprême, te tiendra compte de ces titres précieux et t'accordera l'immortalité heureuse.

Adieu ! frère bien-aimé, au nom de tous ceux qui te pleurent, qui te chérissent et te vénèrent. Au nom de nous tous,

Adieu ! Adieu